Inhalt

Produktpiraterie - Mit Schutzkonzepten das Know-How im Unternehmen halten

Kernthesen

Beitrag

Fallbeispiele

Weiterführende Literatur

Impressum

GENIOS WirtschaftsWissen Nr. 02/2009 vom 09.02.2009

Produktpiraterie - Mit Schutzkonzepten das Know-How im Unternehmen halten

I.Zeilhofer-Ficker

Kernthesen

- Schätzungen gehen davon aus, dass zehn Prozent des Welthandelsvolumens mit Fälschungen und Plagiaten erwirtschaftet wird.
- Für die betroffenen Unternehmen bedeutet Produktpiraterie immer Umsatzverluste und Wettbewerbsnachteile.
- Ein umfassender Schutz kann durch Konzepte erreicht werden, die rechtliche, technische und organisatorische

Maßnahmen verbinden.

Beitrag

Eine Rolex für 50 Euro oder lieber ein Lacoste-Shirt für fünf Dollar? Nur sehr naive Menschen glauben, dass es sich bei solchen Angeboten um Originalware handeln kann. Der Rest nimmt den wirtschaftlichen Schaden des Markeninhabers in Kauf. Und diese Schäden haben Höhen erreicht, die in die Hunderte von Milliarden gehen.

Plagiate auch in der Investitionsgüterbranche

Waren Sie schon einmal auf einem Wochenmarkt in der Türkei oder in Thailand? Rein rechtlich gesehen müssten diese Märkte zu 90 Prozent geschlossen werden. Denn Originalware findet man dort kaum. Dafür kann man von gefälschten Lederwaren über Kleidung bis zu Uhren und Schmuck alles finden, was das Herz begehrt zu Schnäppchenpreisen, versteht sich. Die Markeninhaber finden dies alles andere als lustig bedeuten die Plagiatsverkäufe doch Schäden in Milliardenhöhe. Und mittlerweile machen die Fälschungen nicht mehr bei Designerwaren Halt.

Hochpreisige Pharmazeutika, Ersatzteile für Autos und Flugzeuge, elektronische Bauteile und ganze Produktionsmaschinen werden gefälscht und auf den Markt gebracht. Qualitative Mängel bis hin zur Gefahr für Leib und Leben werden billigend in Kauf genommen. (1)

Zehn Prozent des gesamten Welthandelsvolumens wird Schätzungen der Internationalen Handelskammer zufolge mit Plagiaten und Fälschungen erzielt. Der Umsatzverlust durch Produktfälschungen wird allein in Deutschland mit 4,5 bis sieben Milliarden Euro beziffert. Mindestens die Hälfte aller Fälschungen stammt aus China, weitere 30 bis 40 Prozent aus dem restlichen Asien. Aber auch einige Länder der früheren UDSSR und Südamerikas sind schon negativ aufgefallen. Zudem wachsen die Aktivitäten der Investitionsgüterhersteller in Asien in erschreckender Geschwindigkeit. Rund 200 000 asiatische Auslandsstudenten werden in den nächsten Jahren mit geballtem Wissen in ihre Heimatländer zurückkehren und das in manchen Bereichen schon hohe technische Know-How weiter verbessern. Zudem pumpt vor allem China Milliarden in die heimische Forschung und Entwicklung, was chinesischen Unternehmen weiteren Auftrieb geben wird. Denn das Nachbauen komplexer westlicher Produkte wird ihnen dann noch leichter fallen. Schon in drei Jahren rechnet man damit, dass deutsche Investitionsgüter-Unternehmen so 20 Prozent Umsatzeinbußen zu erwarten haben werden. Dabei unterschätzen deutsche Unternehmen gerne die Notwendigkeit für Schutzmaßnahmen gegen Produktpiraterie die meisten Verstöße werden nur durch Zufall aufgedeckt. (1), (2), (3), (4)

Schutzkonzepte sind notwendig

Spricht man vom Schutz eigener Erfindungen, Designs oder Marken, so werden als erstes die rechtlichen Möglichkeiten wie Patente, Markenschutzrechte, Gebrauchs- und Geschmacksmusterschutz sowie Urheberrechte genannt. In der Praxis ist es gerade für kleinere Unternehmen aber häufig unwirtschaftlich, sich große Rechtsabteilungen zu leisten, die dafür sorgen, dass gewerbliche Rechte in allen Ländern angemeldet und durchgesetzt werden. Zudem ist das Patentrecht in China kompliziert und mit komplexen Auflagen versehen, die es westlichen Unternehmern oft schwer machen, gegen die chinesischen Fälscher vorzugehen. Trotzdem sollte der rechtliche Schutz von Neuentwicklungen und Verfahren auf keinen Fall vernachlässigt werden. (5)

Zur Verhinderung großer Schäden durch Plagiate, Imitate, Kopien oder Fälschungen sind allerdings weitergehende Konzepte notwendig. In verschiedenen Instituten deutscher Universitäten und Forschungseinrichtungen mit Unterstützung durch das Bundesministerium für Bildung und Forschung wurden dazu Analyse- und Auswahlinstrumente entwickelt, die den Unternehmen helfen, den unerwünschten Abfluss von Firmen-Know-How zu vermeiden. (6), (7), (8)

Nicht jedes Produkt ist von Produktpiraterie bedroht. Fälscher sind in erster Linie Kaufleute, die einen Gewinn erwirtschaften wollen. Deshalb sind vor allem Produkte interessant, die einerseits günstig produziert, andererseits aber zu hohen Preisen verkauft werden können. Auch ein früherer Vertragspartner nutzt möglicherweise gern die gewonnenen Einblicke in Konstruktionspläne, um mit günstigen Nachbauten in neuen Märkten Fuß zu fassen. Das entsprechende Produktionswissen hat er dank des vorangegangenen Auftrags bereits gewonnen. Zuerst sollte deshalb analysiert werden, welche Produkte oder Produktgruppen überhaupt von Produktpiraterie bedroht sind bzw. ein hohes Schadenspotenzial innehaben. Das unter der Federführung der Fraunhofer-Institute für System- und Innovationsforschung (ISI), Karlsruhe, sowie Sichere Informationstechnologie (SIT), Darmstadt, entwickelte Projekt PiratPro (www.piratpro.de) kann bei der Bedrohungsanalyse gute Dienste leisten. (7), (9)

Als nächster Schritt steht die Prüfung von passenden Schutzmaßnahmen unter Berücksichtigung der jeweiligen Kosten auf dem Plan. Auf der Kommunikationsplattform ConImit (Contra Imitatio) kann aus einem Katalog von derzeit 80 verschiedenen Maßnahmen ausgewählt werden. Der Maßnahmenkatalog wird kontinuierlich erweitert und auf dem neuesten Stand gehalten. Hat man eine Liste an geeigneten Schutzkomponenten zusammengestellt, so muss nun geprüft werden, ob sich die einzelnen Maßnahmen komplementär zueinander verhalten. So kann aus unterschiedlichen Bausteinen technischer, rechtlicher und organisatorischer Art ein Schutzkonzept entwickelt werden, das ganz auf die individuellen Anforderungen des Unternehmens bzw. der Produktgruppe abgestimmt ist. (6), (9)

Maßnahmenbeispiele

Am häufigsten werden zurzeit Kennzeichnungstechnologien genutzt. Hologrammsiegel beweisen die Echtheit eines

Produktes und dienen zum Schutz vor dem unerlaubten Öffnen einer Verpackung. Mit diesen Siegeln ist es für den Verbraucher relativ leicht, Originale von Fälschungen zu unterscheiden. Denn der Kunde erwartet in der Regel die hohe Qualität, die ein Markenname verspricht. Einen Qualitätsnachweis erbringen des weiteren forensische Sicherheitsmerkmale wie mit dem Auge nicht erkennbare Mikropartikel, die vor Gericht aber eindeutig beweisen können, ob ein Produkt gefälscht ist. (1)

Eine eindeutige Identifizierung erlaubt auch die Kennzeichnung durch RFID-Chips (Radio-Frequenz-Identifizierung), die zudem zu einer Vereinfachung der logistischen Abläufe im Unternehmen beitragen kann. Auch Tracking und Tracing und Diebstahlschutz-Aufgaben kann der RFID-Transponder übernehmen. Hierfür wird jeder Chip mit einer einmaligen, eindeutigen Codierung versehen, die in einer zentralen Datenbank abgespeichert wird. Jede Codierung wird nur einmal vergeben und mit dem Hersteller und dem Produkt verlinkt. Falls gewünscht können weitergehende Daten wie Käufer etc. gespeichert werden. Da RFID-Chips beschreibbar sind, kann die gesamte Produkthistorie wie Transportwege, Lagerzeiten etc. abgespeichert werden. Eine hundertprozentige Rückverfolgbarkeit ist somit gewährleistet. (10), (11)

Schon beim Design einer komplexen Anlage können Schutzkomponenten vorgesehen werden. So ist es technisch möglich, dass sich einzelne Bauteile gegenseitig authentifizieren. Das heißt beim Einbau von Ersatzteilen prüft das in der Maschine eingesetzte Authentifizierungssystem, ob es sich um ein Originalteil handelt. Ist dies nicht der Fall, wird eine Meldung an den Nutzer abgesetzt. Relativ gut geschützt sind auch Geräte, die beim Auseinandernehmen kaputt gehen. Ein Reverse Engineering wird somit unmöglich gemacht. (8)

In manchen Fällen wird der beste Schutz vor Imitaten sein, mit dem Fälscher zusammenzuarbeiten. Vor allem Hersteller von qualitativ hochwertigen Nachbauten sind meist nicht an kompromittierenden Gerichtsverhandlungen interessiert, die ihren Ruf in der Geschäftswelt schädigen könnten. Für Vertragsverhandlungen über den Einsatz des Betrügers als Lieferant oder Auftragsfertiger kann dies allerdings ein gutes Druckmittel sein, um langfristige, preisgünstige Verträge abzuschließen. Damit kann man zwei Fliegen mit einer Klappe schlagen ein Konkurrent ist vom Markt und man hat einen günstigen Lieferanten gewonnen. (12)

Fallbeispiele

Der Verband Deutscher Maschinen- und Anlagenbauer (VDMA) hatte sich das Thema technologischer Produktschutz zum Schwerpunkt auf der Messe SPS/IPC/Drives im November in Nürnberg gesetzt. Hier wurde ein Querschnitt von technischen Möglichkeiten gezeigt, die bereits heute existieren und einsetzbar sind. (14)

Das schweizerische Unternehmen Victorinox stellt exklusive, hochwertige Produkte wie Schweizer Messer, Parfums und Lifestyleprodukte her. Durch Plagiate entstand dem Unternehmen jährlich ein Schaden von 20 bis 30 Millionen Schweizer Franken. Victorinox schützt seit 2007 seine Parfums mit fälschungssicheren RFID-Tags, die mit einer einmaligen Identifizierungsnummer sowie dem Produktionscode versehen sind. Da die RFID-Technologie in das ERP-System übernommen wurde, steuert Victorinox mithilfe der RFID-Markierungen zusätzlich die Produktion und das Warenlager. Seit dem Einsatz der RFID-Technologie wurden keine Plagiate der Parfums mehr gefunden. (11)

Linoprotect ist ein neues Kennzeichnungssystem der Heidelberger Druckmaschinen AG, das aus einer Kombination eines zufällig erstellten Musters aus

Kupferfäden mit einem Datamatrix-Code besteht. Der Datamatrix-Code spiegelt das Muster wieder und wird neben dem Muster auf die Verpackung aufgedruckt. Über Kamerasysteme wie in Fotohandys, PDAs oder Scannern kann die Übereinstimmung von Code und Muster geprüft werden. Selbst Endverbraucher können so die Echtheit eines Produktes ohne großen Aufwand feststellen. (15)

Weiterführende Literatur

(1) Sicher das Original
aus Konstruktionspraxis Nr. 012 vom 15.12.2008 Seite 030

(2) Erstellung eines Schutzkonzepts zur Vermeidung von Produktpiraterie
aus Industrie Management, Nr. 6, 2008, 43-46

(3) Hoher Schaden durch Betrüger und Spione
aus CHEManager 19/2008

(4) Ein ganzheitlicher aktiver Ansatz zum Schutz gegen Produktpiraterie
aus Industrie Management, Nr. 6, 2008, 11-14

(5) Ersatzteile vor Produktpiraterie schützen Ein ganzheitlicher Ansatz für die Investitionsgüterindustrie

aus Industrie Management, Nr. 6, 2008, 39-42

(6) Innovationen gegen Produktpiraterie
aus Industrie Management, Nr. 6, 2008, 51-54

(7) Produktpiraterie – Bedrohungen im Produktportfolio erkennen
aus Industrie Management, Nr. 6, 2008, 31-34

(8) Methoden & Strategien gegen Produktpiraterie
Unternehmensübergreifende Ansätze gegen Produktpiraten versprechen Erfolge
aus Industrie Management, Nr. 6, 2008, 28-30

(9) Die richtigen Hebel bei Produktpiraterie Mit dem optimalen Maßnahmen-Mix Werkzeugmaschinen, Komponenten und Ersatzteile schützen
aus Industrie Management, Nr. 6, 2008, 47-50

(10) Potenziale des Produktpiraterieschutzes durch kognitive Authentifizierung
aus Industrie Management, Nr. 6, 2008, 23-27

(11) Kampf den Plagiaten
aus LOGISTIK HEUTE, Heft 11/2008, S. 56-57

(12) Anti-Counterfeiting als Prozess Bekämpfung von Piraterie durch systematisches und prozessorientiertes Management
aus Industrie Management, Nr. 6, 2008, 19-22

(13) Plagiarius - der Preis für die Kopie
aus Industrie Management, Nr. 6, 2008, 9-10

(14) Produktpiraterie Plagiate erkennen und verhindern
aus Elektrotechnik Nr. 602 vom 14.10.2008 Seite 003

(15) Original oder Fälschung?
aus PACKMITTEL 05 vom 29.09.2008 Seite 014

Impressum

Produktpiraterie - Mit Schutzkonzepten das Know-How im Unternehmen halten

Bibliografische Information der deutschen Nationalbibliothek

Die Deutsche Nationalbibliothek verzeichnet diese Publikation in der deutschen Nationalbibliografie; detaillierte bibliografische Daten sind im Internet über http://dnb.d-nb.de abrufbar.

ISBN: 978-3-7379-1091-0

© 2015 GBI-Genios Deutsche Wirtschaftsdatenbank GmbH, Freischützstraße 96, 81927 München, www.genios.de

Alle Rechte vorbehalten. Dieses Werk ist einschließlich aller seiner Teile – z.B. Texte, Tabellen und Grafiken - urheberrechtlich geschützt. Jede Verwertung außerhalb der Grenzen des Urheberrechtsgesetzes bedarf der vorherigen Zustimmung des Verlags. Dies gilt insbesondere auch für auszugsweise Nachdrucke, fotomechanische

Vervielfältigungen (Fotokopie/Mikroskopie), Übersetzungen, Auswertungen durch Datenbanken oder ähnliche Einrichtungen und die Einspeicherung und Verarbeitung in elektronischen Systemen.